Chancen, unsere Erde bewohnbar zu halten? • Rolf von Pander

Rolf von Pander

CHANCEN, UNSERE ERDE BEWOHNBAR ZU HALTEN?

Essays zum Klima-Wettlaufspiel pro Zukunft

FRIELING

Weitere Publikationen des Autors im Frieling-Verlag Berlin:

„Auf der Suche nach Frieden und Klimaschutz“
Berlin, Frieling-Verlag Berlin, 2023

Bibliografische Information der Deutschen Nationalbibliothek

Die Deutsche Nationalbibliothek verzeichnet diese Publikation in der Deutschen Nationalbibliografie; detaillierte bibliografische Daten sind im Internet über http://dnb.d-nb.de abrufbar.

Rheinstraße 46, 12161 Berlin

Telefon: 0 30 / 76 69 99-0

www.frieling.de

ISBN (Print): 978-3-8280-3827-1

Auch als E-Book verfügbar (ISBN 978-3-8280-3828-8)

1. Auflage 2024

Bildquelle: pixabay

Printed in Germany

INHALT

Klima der Erde erhalten

Was tun zur Wahrung der Schöpfung?

– Aus einem Vortrag, gehalten im Baltenhaus Darmstadt 2019 –

Wichtig: Beachte die Anmerkung unten zum gewachsenen Bedarf für Klimaschutz heute.

Ich möchte mich bedanken, heute zu einem Thema zu Ihnen sprechen zu dürfen, das vor über 40 Jahren fast unmöglich gewesen wäre.

Damals gelangte ein Verstehen, dass kleine, in großer Verdünnung unserer Erdatmosphäre beigemischte Gase zu einer Erwärmung führen können, langsam in die Öffentlichkeit. Damals, 1979, vor 40 Jahren, wurde das „World Climate Research Programm" (Welt-Klima-Forschungsprogramm) vom Stapel gelassen, um internationale Forschung zu globaler Erwärmung und Klimawandel zu koordinieren.

Meine 1974 erstellte Diplomarbeit behandelte auch einen Problempunkt der Klimaforschung. Mein Diplom-Vater ging zur Universität Hamburg und gründete dort das Max-Plank-Institut für Meteorologie – vor über 40 Jahren.

Und heute? Heute sind Zeitung und Fernsehen überfüllt mit Wörtern zum Thema Klima. Wer hat solche nicht in letzter Zeit schon tausendfach gehört?

Ich will meinen Vortrag leicht halten, Zeit für Fragen lassen und zu einem grundlegenden Verstehen beizutragen helfen.

Eine Frage mag zum Beispiel sein: „Warum erwärmt sich die Luft am Nordpol im Vergleich zur ganzen Erde schneller, im Mittel etwa doppelt so stark?"

es auch das Dach vom Gewächshaus bzw. Treibhaus tut. Das kann CO_2 in gewissem Maße in der Luft, obwohl es kein Ofen ist.

Gewiss, die Wärmestrahlung von CO_2 aus der Luft ist viel schwächer als die Wärmestrahlung vom Ofen.

Aber etwas können wir sie doch spüren, allerdings bei einem anderen Treibhausgas, dem Wasserdampf: Ähnlich wie in der Nacht der Himmel unter Wolken weniger kalt erscheint als unter klarem Sternenhimmel ohne Wolken, kommt es uns bei feuchter Luft weniger kalt vor als bei trockener Luft – jeweils bei gleicher Temperatur für den Vergleich.

Es liegt nämlich vor, dass Wasserdampf auch aus der Luft heraus ohne Wolken Wärmestrahlung ausstrahlt – entsprechend der geringeren Wärme der Luft im Vergleich mit dem Ofen natürlich weniger stark, aber der Unterschied *(bezüglich trockener und feuchter Luft)* lässt sich spüren – ähnlich wie bei einem nächtlichen Himmel mit oder ohne Wolken bei gleicher Temperatur (natürlich auch ohne störenden Wind, der den Eindruck beeinflussen würde).

Nun, bevor ich gleich zu einer guten Nachricht komme, folge ich noch einem Abschnitt eines für Kinder und Schüler leicht geschriebenen Essays „Für einen Hoffnungsfunken zu Weihnachten für Eisbären“:

In der Luft finden wir auch das – wie bei Feuer – mit dem Verbrennen von Stoffen wie Holz, Kohle und Erdöl entstehende Gas, das Kohlenstoffdioxid genannt wird.

Mit dem Aufkommen von Motoren zum Antreiben von Maschinen für Fabriken, Eisenbahn, schließlich auch Autos seit etwa 150 Jahren kommt es zu einer Anhebung von Kohlenstoffdioxid über die von der Natur schon vorher *(seit vielen tausend*

Jahren) gegebene natürliche Menge hinaus. Die Menge an Kohlenstoffdioxid nimmt zu.

Dies hat seitdem im Mittel auf der gesamten Erdkugel zu einer Erwärmung von etwas über 1 Grad Celsius geführt, dabei in den letzten Jahren deutlich schneller als davor.

Mit dem Schmelzen von Meereseis ganz im Norden – im Lebensraum der Eisbären – ist dort die Erwärmung sogar doppelt so stark.

Die Eisbären können nichts dafür. Da der Trend der Erwärmung noch etwas andauern wird, ist es ein ziemliches Problem, Eisbären vor dem Aussterben zu retten. Aber der Mensch hat ein Herz.

Die gute Nachricht ist: Es gibt den Schalter zum Stopp der weiteren Erwärmung (!), zu finden in der Literatur.

Dort trifft sich Wissen über die Erderwärmung mit dem technischen Wissen, wie der Schalter auf Stopp gestellt wird. Diese Hausaufgabe hat die Wissenschaft in vielen wesentlichen Zügen schon gemacht, die Ergebnisse warten auf Anwendung.

Tatsächlich ist die entwickelte Technik für den Klimaschutz so gut, dass der Schalter schnell auf Stopp für die weitere Erwärmung gestellt werden kann! *)

Als Beispiel seien neben viel lesenswerter guter Literatur 3 Bücher genannt:

JOHN HOUGHTON: GLOBAL WARMING the complete briefing. CAMBRIDGE UNIVERSITY PRESS, 5. Auflage 2015 (Paperback, 380 Seiten, englisch)

S. RAHMSTORF, H. J. SCHELLNHUBER: DER KLIMAWANDEL. C. BECK, 8.AUFLAGE 2018 (Taschenbuch)

Der Trend zu extremen Wetterlagen, wie sie sich in den letzten Jahren gezeigt haben, ist aus Sicht des Anstiegs von Treibhausgasen nicht gebrochen, es sei denn, es kommt zu heftigen Vulkanausbrüchen, deren Asche für ein paar Jahre Sonnenstrahlen schwächen könnte, bevor danach die Treibhauserwärmung aber wieder voll weitergehen würde.

Man kann die Klimaerwärmung der letzten Jahre auch vergleichen mit dem Anteil der natürlichen Schwankungen im Rhythmus der Ozeane, die Variationen von wenigen Jahren bis zu mehreren Jahrzehnten zeigen, oder sie auch vergleichen mit den Variationen der Intensität der Sonnenstrahlung, aber es zeigt sich, dass die Klimaerwärmung mit dem menschlichen Eintrag von CO_2 und ein paar weiteren, etwas weniger zur Erwärmung beitragenden Treibhausgasen wie Methan oder Stickoxid die Größenordnung der natürlichen Klimaschwankungen deutlich überholt hat, wie die Temperaturbeobachtungen bestätigen.

Aber die gute Nachricht habe ich bereits erwähnt, nämlich dass es den Schalter für die Umstellung auf klimafreundliche Wirtschaftsprozesse gibt, dass Lösungen zur Anwendung bereitstehen: Etwas wirklich Positives und Hoffnung – auch von Menschenhand entwickelt.

Beispielsweise werde die Subventionierung von Kerosin reduziert und Solarenergie dafür entsprechend stark gefördert. Schon genug?

Allgemein seien Subventionierungen überkommener, wenig klimafreundlicher Techniken als „Altlasten“ verstanden, die nicht nur dem Klima der Erde extrem schädlich sind, sondern auch einen „Klotz am Bein“ darstellen für die gute Wettbewerbsposition mit schon entwickelten und neuen klimafreundlichen Produkten auf dem Weltmarkt. In Klimaschutz zu investieren, ist die beste Hilfe für unsere Enkel!

…

Ich habe noch vorbereitet, ein paar Seiten und Bilder aus einem im Internet verfügbaren Abschnitt des Buchs *MICHAEL E. MANN, LEER R. KUMP: DIRE PREDICTION – understanding climate change. PEARSON-Verlag*, zu zeigen.

Michael E. Mann teilt den Friedensnobelpreis von 2007 mit dem IPCC (IPCC = Intergovernmental Panel on Climate Change)

Vielen Dank für Ihre Aufmerksamkeit!

Ich hoffe, dass dieser kleine Überblick etwas zum Verstehen beitragen konnte.

**) Anmerkung (vier Jahre nach 2019): Das schnell auf Stopp zu stellen, gilt für die unmittelbare Aufgabe, den vom Menschen herrührenden, sich aufsummierenden* CO_2*-Anteil wieder möglichst schnell auf Null-Wachstum zu bringen (*CO_2*-Neutralität). Die bereits eingesetzte Klimaerwärmung um etwas über 1 Grad im globalen Mittel wird zusätzlich regional und langfristig durch Rückkopplungseffekte erheblich verstärkt, die eine „ergänzende Hebelbewegung" unabdinglich zügig erforderlich machen, nämlich das bereits vorhandene Zuviel von* CO_2 *in der Atmosphäre technisch zu entfernen (Geo-Engineering). Auch Methan muss mit seiner kräftigen Treibhauswirkung neben* CO_2 *besonders im Visier sein, baut sich aber glücklicherweise schneller ab.*

setzesvielfalt, die die meisten Bürger überfordern und – leider – ausbremsen.

Somit: „Wir schaffen das“ schenkt auch unseren Kindern neue Zukunftshoffnung. – Schließlich sind auch unsere Schulen wieder geöffnet!

Aber eine besondere Bitte an Ausbildende sei genannt: Bitte erklärt sorgfältig Begriffe fürs Verstehen, um angesichts der Dringlichkeit des Klimaschutzes Bürger leichter mitnehmen zu können. Ein herzliches Dankeschön!

Zum Beispiel „ipcc“ als häufige Abkürzung:

IPCC *(Intergovernmental Panel on Climate Change – Zwischenstaatlicher Ausschuss für Klimaänderungen – kurz oft Weltklimarat genannt) …*

(aus WARNSIGNAL KLIMA (obige Literaturliste), S.321, GLOSSAR: Erläuterung von Fachbegriffen, S.320-323)

© Rolf v. Pander, 10.6.2023

Zu El Nino Southern Oscillation (ENSO)

Zur möglichen Situation besonderer Trockenheit für den Sommer 2023 in Deutschland mag aus der Quelle

IPCC (INTERGOVERNMENTAL PENAL ON CLIMATE CHANGE): **CLIMATE CHANGE AND LAND.** AN IPCC SPECIAL REPORT ON CLIMATE CHANGE, DESERTIFICATION, LAND DEGRADATION, SUSTAINABLE LAND MANAGEMENT, FOOD SECURITY, AND GREENHOUSE GAS FLUXES IN TERRESTRIAL ECOSYSTEMS. CAMBRIDGE UNIVERSITY PRESS, 2022

auf einen Hinweis zur möglichen Fernwirkung von El Nino verwiesen werden:

Zitat aus dem Glossary, Annex I, S. 811, des genannten Reports, zum Eintrag

> *EL Nino-Southern Oscillation (ENSO), vorletzter Satz: „ ... It has climatic effects throughout the Pacific region and in many other parts of the world through global teleconnections.“*

Übersetzt vom Autor:

> *„... Es hat klimatische Effekte in der gesamten pazifischen Region und in vielen anderen Teilen der Welt durch Fernzusammenhänge ... “*

Literatur zu El Nino-Southern Oscillation u. a.:

S. RAHMSTORF, H. J. SCHELLNHUBER: DER KLIMAWANDEL. C.H. BECK, 8. Auflage 2013, S.76

MOJIB LATIF: GLOBALE ERWÄRMUNG. UTB, 1. Auflage 2013, S.65 70

CHRISTIAN-DIETRICH SCHÖNWIESE: KLIMATOLOGIE. UTB, 4. Auflage 2013, S.196-201

KLIMAWANDEL KOMPAKT. BORNTRÄGER, 3. Auflage 2019, S. 33-34

GREGORY HAKIM AND J. PATOUX: WEATHER, A CONCISE INTRODUCTION. CAMBRIDGE, 1. Auflage 2018, S. 159-165

IPPC: CLIMATE CHANGE AND LAND. CAMBRIDGE, 2022, S.146, 149, 305, 361, 397, 450

Ein Tipp in Schlussfolgerung: Eine besonders verantwortliche Verwendung der Ressource Wasser sei für Trockenperioden ans Herz gelegt!

Klimaschutz von und für Kinder

Schockierend überraschend: Die Dringlichkeit von Klimaschutz lässt sich kinderleicht verstehen!

Lassen Sie mal an einem schönen Tag von einem Kind eine von der Sonne erwärmte dunkle/schwarze Fläche und eine daneben befindliche helle/weiße Fläche berühren.

Frage dazu: „Welche Fläche ist wärmer, welche kälter?"

Antwort: „Die dunkle Fläche ist wärmer, die weiße Fläche kälter."

Stellen Sie am besten gleich anschließend die Frage: „Wenn am Nordpol durch Eisschmelze die hellen Flächen gegenüber früher abnehmen, dunkle Meeresoberflächen dagegen zunehmen, wird es dadurch am Nordpol wärmer oder kälter?"

Antwort: „Es wird dadurch dort wärmer."

Schockierend überraschend: Ein wirksames Wärmepumpenprinzip ist auch schon kinderleicht zu verstehen.

Voraussetzung: Etwas Erfahrung beim Aufpumpen beziehungsweise Luftablassen vom Fahrradschlauch.

Zwei Fragen dazu:

1) Wenn aufgepumpt wird, bleibt das Ventil gleich warm, oder erwärmt es sich?

Zur Antwort: Selber herausfinden, einfach fühlen.

2) Wenn man die Luft über das Ventil wieder hinausströmen lässt, wird dadurch

das Ventil a) wärmer

Wetter-Kapriolen infolge des Treibhaus-Effekts?

– Ein Versuch einfacher Erklärung –

Zunächst zum Begriff *Kapriole*:

1. Luftsprung, 2. übermäßiger verrückter Streich (aus lat. caper: Ziegenbock), Brockhaus/Wahrig.

Wir wissen mittlerweile, dass das Schmelzen und die Ausdünnung des Polareises sowie kürzere Schneeperioden in den Wintern nördlicher Breiten zu einem verstärkten Treibhauseffekt in nördlichen Breiten beitragen. Dies heißt aber auch, dass neben einer Verschiebung von Klimazonen nach Norden hin auf der nördlichen Halbkugel bei der allgemeinen Klimaerwärmung der Temperaturunterschied zwischen Äquator und Nordpol abnimmt. Damit benötigt die Erde einen etwas kleineren Energieaustausch, um die in Äquatornähe größere Erwärmung durch die Sonne gegenüber nördlichen Breiten auszugleichen. Auch für die mittleren Breiten der Westwindzirkulation ist damit der Bedarf für Energieaustausch reduziert. Hier herrscht allgemein unbeständige Witterung wegen der Bildung und Wanderung von Tiefs und dazwischen Hochs. Ein Tief bildet sich – einfach erläutert – durch Temperaturunterschiede zwischen Luftmassen, die unter von wellender Höhenströmung angeregter Hebung einen Punkt an Labilität überschreiten, ab dem sich die rotierende Luftströmung eines Tiefdruckgebietes ausbildet. Unter einer in der Regel wellenden Höhenströmung kommt es so zu einer Reihe von Tiefs zwischen Hochs, die meist eine von West nach Ost gerichtete Verlagerung aufweisen.

Wichtig hierbei ist: Die Entwicklung eines Tiefs ist ein labiler Vorgang, der durch den Temperaturunterschied zwischen kühlerer und wärmerer Luft in Schwung kommt. Grob gesprochen sind die sich ausbildenden Tiefs unterschiedlich kräftig – gemäß einer gewissen Intensitäts-Verteilung (von schwach bis kräftig). Sie alle tragen in unserer Westwindzone zu einem Energieaustausch zwischen den angrenzenden nördlicheren und südlicheren Regionen bei, die wir für unsere Überlegungen betrachten.

Aber hier kommt eine Krux (*lat. Kreuz*) auf durch einen sich abschwächenden Bedarf des Energieaustausches zwischen höheren und niedrigeren Breiten: Damit bleiben die Tiefdruckgebiete im Mittel eher etwas schwächer (wobei wir im Sinne einer vereinfachten Überlegung in diesem Absatz von der Schauer- und Gewitterbildung in Tiefs noch absehen). Diese Abschwächung der Entwicklungschancen könnte gemäß labiler Entwicklungs-Mechanismen zu Tiefdruckgebieten im Mittel wohlmöglich etwas mehr ausmachen als die oben angesprochene Abschwächung des Temperatur-Unterschiedes der unterschiedlichen Klimaerwärmung der Nordhalbkugel. Fazit: Wenn es so ist, dann verbliebe in einer über einen gewissen Zeitraum hinweg betrachteten Bilanz gegenüber dem Zustand ohne diese Krux ein (etwas) schwächerer Energieaustausch zwischen Nord und Süd in unserer von Hochs und Tiefs gestalteten Witterungszone.

Aber die Natur hilft sich teilweise dadurch, dass die Luftströmungen in unserer Breiten öfters einen Trend zu etwas stärkerer Mäander-Bildung erfahren können, das heißt, von Süden her nach Norden erfolgende Warmluftvorstöße sind dann eher etwas stärker ausgeprägt und/oder etwas länger andauernd (im Sommer Hitzestress-Lagen), und im Winter zeigt ein Kaltluftvorstoß von Nord nach Süd etwas häufiger den Trend, weiter südwärts vorzudringen (vergl. Blizzard: Schneesturm in Nordamerika). Als kurze ergänzende Anmerkung hierzu: Bei weiter südwärts vorstoßende Zungen von Kaltluftmassen können Windströmungen durchaus kräftig sein gemäß der relativ warmen Luft an ihren Seiten. An den südlichen Spitzen solcher Kaltluftzungen biegt sich die Luftströmung in Art einer kräftigen Kurve um, gemäß unserer Betrachtung etwas weiter im Süden. Kräftiger, in Bodennähe mit der Höhe rasch zunehmender Wind ist als eine Tornados begünstigende Voraussetzung bekannt. Zur Zugabe gehört mehr, des Weiteren kräftige Ausprägung von Schauern und Gewittern.

Die in der Erläuterung anfangs noch außen vor gelassenen (nicht berücksichtigten) Schauer- und Gewitter weisen übrigens auf einer wärmeren Erde den Trend auf, stärker ausgeprägt zu sein. Dies liegt daran, dass sie wesentliche Energie aus kondensierendem Wasserdampf mit Wolkenbildung und in ihren Tops zusätzlich über Eiskristall-Bildung erhalten, während unter höherer Temperatur der Klimaerwärmung die Atmosphäre die Möglichkeit hat, mehr Wasserdampf unter Verdunstung aufzunehmen – infolge des maximalen temperaturabhängigen Speichervermögens von Luft für Wasserdampf (Clausius-Clapeyron-Gleichung zum maximalen Speichervermögen von Luft für Wasserdampf). Der Wegener-Bergeron-Findeisen-Prozess ist wichtig zur Auslösung kräftiger Schauer über die Eiskristall-Phase.

Infolge davon kommt es mit der Treibhauserwärmung häufiger zu besonders kräftigen Schauern und Gewittern und damit verbundenen unwetterartigen Starkniederschlägen, Hagelschlag, Überschwemmungsgefahren und ähnlichen extremen Wetterkapriolen wie die der Ahrtal-Überschwemmungskatastrophe. Und vor wenigen Tagen ging durch die Nachrichten ein am

Stellen Sie sich vor, sie packen beherzt mit an, unseren Kindern eine bewohnbare Erde zu übergeben. Stellen Sie sich das einfach heute bildlich vor: Unsere Erde dem Menschen, dem Tier, der Pflanze schön bewohnbar zu übergeben – mitzuwirken beim Spatenstich zum Garten Eden der Zukunft unserer Kinder und Enkel. Wie soll der Garten Eden aussehen?

Genießen Sie ein schönes Gefühl und Neugierde beim Erträumen hiervon …

Möge Ihr schönstes Bild – wie sieht es aus? – ohne zu viel Zeitverzug (da Klimaänderungen wie Hitzestress, Meeresanstieg … wirklich abgebremst werden müssen) mit göttlicher Hilfe in Erfüllung gehen!

Herzlichen Dank!

© Rolf von Pander, 24.9.2023

Mehr Chancen, unsere Erde bewohnbar zu halten?

Der Mensch mag schlau sein, Chancen zu sichten, die Treibhauserwärmung wieder abzubremsen und über einen Aderlass der Treibhausgase wie CO_2 und Methan sowie auch über Basiswissen zu weniger Sonnenaufheizung von hellen, gut reflektierenden Flächen – anders als beispielsweise dunkle Hausdächer oder gar schwarze Flächen – die weitere Erdüberheizung wieder ganz abzubremsen und weiter das Erdklima wieder in ein angenehmes Niveau ohne Hitzestress zügig hinunterzukühlen.

Ich spreche hier einen trickreichen Punkt an, dem vorausgehend der Mensch natürlich in der Lage sein sollte, sich auf die verleugnete Fähigkeit zurückzubesinnen, Kriege als kein Menschenleben rettend verlassen zu können.

Ausgehend vom Begriff Rückkopplung, wo eine ausgelöste Änderung bei einem Vorgang eine weitere Änderung woanders ausübt, die wieder auf den erstgenannten Vorgang verstärkend oder abschwächend zurückwirkt, ließen sich aufaddierte Einwirkungen zu Treibhausentwicklungen skizzenhaft verstehen, dabei aber auch die Chance entdecken, dass der Mensch anstatt der Haltung „Ich weiß nicht" auch handlungsfähig ist, Eisbären wieder mehr Eisschollen zu schenken und/oder Permafrost-Schichten – als Gegenpol zur winterlichen Gebäudeheizung (bei geschlossenem Wärmepumpensystem) – fleckenweise neue Frosttemperatur zuzuführen und über quantitativ vervielfältigte Anwendung solch eines Schemas das Entweichen von Treibhausgasen allmählich wieder mehr und mehr auszubremsen.

Genügsamkeit als Überlebenstugend

Es ist ein Sprichwort, Tiere sind die besseren Menschen – mit Genügsamkeit als Überlebensvorteil: Es erscheint durchaus möglich, dass mit der Schöpfung, die in der genetischen Stammesentwicklung auch zum Ausdruck kommt, dem Leben die Eigenschaft „Genügsamkeit" mitgegeben wurde. Wenn es so ist, dann müsste „Genügsamkeit" Überlebenschancen anzuheben helfen. Hinsichtlich Pflanzen, die sich bei arg kargem und trockenem Boden durchzusetzen vermögen, wissen wir es. Pflanzen können, wie oft beobachtet, auch ein Übermaß an Überlebenskraft besitzen und so neben ihrer eigenen Fortpflanzung und Ernährung auch vielen Tieren eine „Weide" schenken. Sie haben so die Entwicklung der Tierwelt ermöglicht, auf deren Basis Tierhaltung dem Menschen auch als Nahrungs- und Erwerbsquelle dient.

Ganz scheint die Grundlage Genügsamkeit nicht zu stimmen. Tiere können nämlich in ihrer Stammesentwicklung größer und kräftiger werden, was für sich schon ihre Dominanz bei konkurrierendem Überlebensstreben erhöht, und stammesentwicklungsgeschichtliche Beigaben wie Zähne und Krallenbewaffnung verstärkt solch eine Dominanz. Diese Dominanz ist jedoch nicht stabil, weil solche Dominanz-Geschöpfe Gefahr laufen, ihre Nahrungsgrundlagen durch Überweidung oder Ausdünnung ihrer Beutetier-Population selber zu reduzieren, und außerdem in Nischen, in denen ihrer Stärke-Dominanz wenig entgegenhalten kann, sich mit der Schöpfung neue Arten entwickeln und vermehren können.

Aber dadurch werden auch den Dominanz-Lebewesen regulierende Schranken in ihrer Ausbreitung auferlegt. Somit gibt es in

Aus: NEUE LITERATUR 2022/2023, herausgegeben von Katharina Strojek,
AUGUST VON GOETHE LITERATURVERLAG

Glossar zu Klimaschutz-Begriffen

Ein Glossar möge ein leicht verstehendes flüssiges Lesen unterstützen.

Die hier zusammengestellten Worterklärungen entsprechen dem Glossar, das der deutschen Übersetzung von Rohlings „Die Klimafrage“, Frieling 2021, beigefügt ist, die in gewisser Hinsicht ein orientierendes Standardwerk mit wichtigen Hinweisen zur Treibhausentwicklung unserer Gegenwart und der nachfolgenden Jahre, Jahrzehnte, Jahrhunderte ist.

Es möge allgemein besonders auch dem Bürger helfen, dem zu häufig Begriffe „um die Ohren geschlagen werden“, deren Bedeutung zu häufig in den Medien noch nicht erklärt sind und dann immer wieder nur als „Bahnhof“ verstanden werden – wie ärgerlich, will man doch auch unseren Kindern den Stress des Nichtverstehens ersparen!

Dies mag ein wichtiger Grund sein, warum der Klimaschutz trotz seiner Dringlichkeit und der entsprechend hohen Notwendigkeitsstufe zur Abflachung zukünftiger Hitzestress-Kurven und ihrer hoffentlich möglichst baldigen zukünftigen Reduzierung gegenwärtig zu langsam verläuft, obwohl es dem Menschen häufig eher Spaß macht, wie bei sportlichen Wettkämpfen gefordert zu sein, und er auch beim Klimaschutz zum zügigen Fortschritt beitragen will!

So wünsche ich, beim Durchsehen dieser Liste zu vielen zuvor nur als „Bahnhof“ verstanden Wörter plötzlich ein „Aha“-Erlebnis („Das hieß es also!“) zu erfahren.

Zum Klären weiterer vorgefundener Begriffe sei die Verwendung eines guten Wörterbuchs empfohlen.

Glossar

Absorbieren: einsaugen, verzehren
lat. absorbere „verschlucken“

Albedo: Maß für Reflektivität, Verhältnis der reflektierten zur einfallenden Strahlung
lat. albere „weiß sein“

alkalisch: basisch, in der Art wie Laugen statt Säuren
arab. alqualy „salzartige Asche“

Alkenon: eine Art Kohlenwasserstoffverbindung (mit wenigstens einem an ein Kohlenstoffatom gebundenen Sauerstoffatom)
arab. alqualy + enol (Bezeichnung für eine chemische Gruppe)

Anomalie: Abweichung vom Normalen, vom erwarteten Wert
griech. anomalos „uneben“

anthropogen: vom Menschen verursacht oder menschlich gemacht
griech. anthropos „Mensch“ + gignesthai „erzeugen“

Aphelium: der bezüglich der Erdumlaufbahn von der Sonne entfernteste Punkt
griech. apo „ab,weg“ + helius „Sonne“

Äquinoktium: Tag- und Nachtgleiche
lat. aequus „gleich“ + nox „Nacht“

Argument: *vorgebrachter Punkt der Erläuterung, Beweisführung*
lat. argumentum „Gehalt, Beweis“

arrangiert: geschmackvoll angeordnet oder eingerichtet
franz. arranger „anordnen, einrichten“

assistieren: beistehen, helfen, mitarbeiten
lat. assistere „sich dazustellen, dabeistehen"

astronomischer Zyklus der Exzentrizität: Variationen in der Gestalt der Erdumlaufbahn um die Sonne, von nahezu kreisförmig zu elliptisch

astronomischer Zyklus von Obliquity (Schrägstellung)**:** der sich allmählich verändernde Winkel – oder die Neigung – der Erd-Rotationsachse relativ zu der Senkrechten zur Ebene der Erdumlaufbahn

astronomischer Zyklus der Präzession: das „Schwanken" – wie ein drehender Kreisel – der Erd-Rotationsachse relativ zur Ebene der Erd-Umlaufbahn um die Sonne, was die Verschiebungen der Tag-und-Nachtgleichen und Solstitien (*Sonnenwenden*) längs der Umlaufbahn verursacht

Atmosphäre: Lufthülle der Erde, Gashülle eines Planeten
griech. atmos „Dampf" + sphaira „Kugel"

Ausstrahlung: ist von der Art wie die vom Ofen ausgehende Wärme oder von der Sonne kommendes Licht, die sich in einem Abstand an einem Ort, wohin sie ausgestrahlt wird, noch empfinden lässt
indogermanisch ud „empor, hinaus" + ahd, asächs. strala „Pfeil, Blitzstrahl"

BECCS: Kohlenstoff aus Bioenergie einfangen und speichern
engl. bioenergy carbon capture and storage

benthisch: *engl. benthic, griech. benthos „Tiefe"*

Billion: Million x Million, 10^{12}, die gleiche Zahl heißt im Englischen trillion
franz. bi „zweimal" + mille „tausend"

ECS: Gleichgewichts-Klima-Empfindlichkeit
engl. equilibrium climate sensitivity, lat. aequilibrium von acquus „gleich" + libra „Balance"

Eisschelf: Schelfeis, schwimmende große Eisplatte oder brettartige Eisschicht
engl. ice shelf „Eis-Brett"

Eisschild: riesige gletscherartige Eismassen
engl. ice shield „Eis-Schild"

Eiszeit-Beendigung: Beendigung einer Eiszeit mit dem Rückgang von Eisflächen in großer Größenordnung
engl. deglaciation „Enteisung"

Emission: (*zu Licht*) Aussendung, (*zu Wärme*) Ausstrahlung, (*zu Partikeln*) Aussendung
lat. emittere „aussenden"

Eozän-Epoche: Intervall geologischer Zeit, etwa von vor 56 bis vor 34 Millionen Jahren
engl. Eocene Epoch, eos „Dämmerung" + kainos „neu" + griech. epoche „Anhalten, fester Zeitpunkt"

Epoche: bedeutsamer Unterabschnitt eines längeren Zeitraums in der Geologie
griech. epoche „Anhalten"

ESS: Erdsystem-Empfindlichkeit, Klimaempfindlichkeit unter Einbezug aller Klimazyklen, den schnellsten bis zu den langsamsten
engl. earth-system-sensitivity; germ. erpo „Erde" + griech. systema „Gebilde" von syn „zusammen" + histanai „stellen" + ahd. intfindan, mit findan „finden", engl. find „finden" + ahd. (Nachsilbe) ... heit

extern: außerhalb befindlich
lat. „außerhalb befindlich"

externer Kohlenstoff: Kohlenstoff in einem Reservoir – typischerweise Sedimente oder fossile Brennstoffe – das extern (außerhalb) zum hydrosphärischen-biosphärischen-atmosphärischen System ist
engl. external carbon, lat. externus „außerhalb befindlich" + carbo „Kohle"

extrahiert: herausgezogen
lat. ex „aus" + trahere „ziehen"

Exzentrizität: Maß für die Abweichung einer Ellipsenform von einer Kreisform
lat. ex „aus" + griech. kentron „Kreismittelpunkt"

Feedback: eine Reaktion oder Antwort, die die Einwirkung einer ursprünglichen Änderung oder Störung verstärkt (positive Rückkopplung) oder dämpft (negative Rückkopplung)
engl. feedback „zurück füttern"

Feinstaub: die besonders auch aus chemischen Reaktionen entstandenen feinen Stäube, z. B. aus NOX, die um bis zu eine Größenordnung (!) kleiner sind als Teilchen, die eine sichtbare Lufttrübung bewirken – erst wenn sie zu größeren Teilchen reagieren, werden sie als Smog sichtbar
mhd. fin, lat. finis „Grenze"

fluktuieren: schwanken
lat. fluktuare „wanken, wogen"

Foraminifere: einzellige Organismen mit einer Kalzium-Karbonate-Schale, die sehr zahlreich im Ozean sind, sowohl freischwebend in Oberflächenwasser (planktonisch) als auch auf

Klimatologie ist das Eis gewöhnlich unter dem Namen Kryosphäre abgetrennt.
griech. hydor „Wasser“ + sphaira „Ball“

Hypothese: unterstellter Ansatz als Startpunkt für Erkenntnisgewinn mittels Überprüfung
griech. hypothesis „Basis“

implementieren: einen Plan oder Übereinstimmung in den Zustand der Wirklichkeit bringen
lat. implere „erfüllen, ergänzen“

Implizieren: mit einschließen
lat. implicare „hineinwickeln“

Industrielle Revolution: der Übergang zu neuen Prozessen in Herstellung mit Maschinen, von etwa 1760 hinein bis zu den frühen 1800ern, welche die weitverbreitete Einführung von durch Kohle erzeugter Energie einschloss und sich danach auf der zusammengesetzten Basis von Kohle, Öl und Gas fortsetzte
engl. industrial revolution, lat. industria „Fleiß, Betriebsamkeit“ + lat. revolvere „zurückrollen“

Infrarot: Licht von längerer Wellenlänge (700 bis zu etwa 1000 Nanometer), das Menschen normalerweise nicht sehen können
engl. infrared, lat. infra „below“ + engl. red „rot“

instruktiv: nützlich und informativ
lat. instruere „hineinschichten, ausrüsten, informieren“

intuitiv: unmittelbar anschaulich, verständlich
mlat. intiuitivus

IPCC: internationaler „Regierungs-Expertentisch“ bzw. zwischenstaatlicher Ausschuss für Klima-änderung
engl. Intergovermental Panel for Climate Change

Isotop: Atom mit gleicher Protonenzahl, aber sich von anderen gleichbezeichneten Atomen in der Zahl der Neutronen unterscheidend, zum Beispiel: ^{12}C (6 Protonen + 6 Neutronen), ^{13}C (6 Protonen + 7 Neutronen)
griech. isos „gleich“ + topos „Ort“

ISWR: einfallende kurzwellige Strahlung
engl. incoming short wave radiation

Karbonat: chemische Verbindung von gewissem Salz (z. B. Kalziumkarbonat $CaCO_3$)
lat. carbo „Kohle“

Karbonat-Kompensation: die Wechselwirkung zwischen Karbonat in Tiefsee-Sedimenten und Tiefenwasser-Chemie (*die Reaktionseigenschaften sind auch von den unterschiedlichen Druckverhältnissen entsprechend der Wassertiefe abhängig*), wobei eine Zunahme in Tiefenwasser-CO_2 durch In-Lösung-Gehen von Ablagerungs-Karbonaten „gepuffert“ wird (negative Rückkopplung) und eine Abnahme von Tiefenwasser-CO_2 mittels vergrößerter Erhaltung von Ablagerungs-Karbonat gepuffert wird
engl. carbonate compensation, lat. carbo „Kohle“ + compensare „ausgleichen“

Kern-Top-Eichung: die Praxis, Proxy-Daten von den in der jüngsten gegenwartsnahen Zeit gemessenen Sedimenten (Sediment-Kern-Spitzen) mit den oberhalb jener Kern-Spitzen repräsentierten Eigenschaften vom Seewasser zu eichen
engl. core top calibration, arab qualib „Form, Modell“

Kilo: das Tausendfache
griech. chilioi „tausend“

kleine Eiszeit: eine hauptsächlich kalte Periode, grob die Jahre 1400 bis 1850 umfassend
engl. Little Ice Age

Klima: allgemeine Wetterbedingung für eine Gegend, wie sie sich in Temperatur, Wind, Feuchtigkeit, Niederschlag, Sonnenschein oder Wolken über einen längeren Zeitraum zeigt
griech. klima „Neigung, Zone"

Klima-Empfindlichkeit: Temperatur-Änderung in Grad Celsius (°C) pro W/m^2 durch aufs Klima wirkendes Strahlungs-Forcing
engl. climate sensibility (CS)

Kohlenstoff: Stoff in Holz oder Kohle, der bei Verbrennung Wärme liefert – chemisches Symbol C
lat. carbo „Kohle, Holzkohle"

Kohlenstoff-Zyklus: die komplexen Wechselwirkungen, die Kohlenstoff-Speicherung und -Austausch zwischen der Biosphäre (Leben), Hydrosphäre (Ozeane, Seen, Flüsse) und Lithosphäre (Felsen und Ablagerungen) kontrollieren
engl. carbon cycle, lat. carbo + griech. kuklos „Kreis"

kombiniert: zusammengefasst, verbunden
lat. combinare, com „zusammen" + bini „je zwei"

Kompensation: Ausgleich
lat: compensatio „Ausgleich"

kompensieren: ausgleichen
lat. compensare „aufwiegen, ausgleichen"

komplex: zusammengesetzt, vielfältig, aber eine zusammengesetzte Einheit bildend
lat. complexus „umfassend"

kondensieren: dichter, konzentrierter machen, von Gas oder Dampf zu einer Flüssigkeit wechseln
lat. condensare „dicht zusammendrängen"

Konfusion: Verwirrung
lat. confusus „zusammengegossen"

Konsequenz: Folgewirkung
lat. consequentia „Folge"

Kontinent: jede der hauptsächlichen, sich auf der Erde kontinuierlich ausdehnenden Landmassen (Europa, Asien, Afrika, Nord- und Südamerika, Australien, Antarktika, möglicherweise auch Grönland)
lat. terra continens „zusammenhängendes Land"

kontinental: sich auf Kontinent beziehend

Konzentration: Anreicherung, Ansammlung zu einem Mittelpunkt hin
lat. con- „zusammen" + centrum „Zentrum"

kosmogenetische Radionuklide: spezifische elementare Isotope, die von der intergalaktischen Strahlung durch Zusammenwirkung mit der oberen Atmosphäre geformt werden
engl. cosmogenic radionuclides, von griech. kosmos „Weltordnung, Weltall" + genesis „Erzeuger, Ursprung" + lat. radius „Strahl" + griech. nucleus „Kern" + eidos „Bild"

Kreidezeit-Periode: Intervall geologischer Zeit, etwa von vor 144 bis vor 66 Millionen Jahren
engl. Cretaceous Period, lat. creta „Kalk" + griech. periodos, peri „herum" + hodos „Weg"

Kryosphäre: Eisbereiche, die die Erdoberfläche bedecken
griech. kryos „Kälte, Frost" + sphaira „Kugel, Ball"

numerisch: rechnerisch mit Zahlen, häufig mit Computer-Berechnungen, bestimmt
lat. numerus „Zahl"

Obliquity: Schiefe, Schrägheit
lat. obliquus „schräg, schief"

Olivine: hier ist besonders das magnesiumreiche Mineral aus der Mineralklasse der Silikate (… SiO_4) angesprochen

OLWR: hinausgehende langwellige Strahlung
engl. outgoing long wave radiation

Orbit: Umlaufbahn der Erde um die Sonne
lat. orbita „Kurs"

orbital: die Umlaufbahn betreffend

Paläo: alt, ur-
griech. palaios „alt, ur"

Paläo-Klima: vergangenes Klima
griech. palaios „alt, ur" + klima „Neigung, Zone"

Paläo-Ozeanographie: Forschung über vergangene Ozeane
griech. palaios „alt, ur" + okeanos „großer die Erde umrundender Strom" + graphein „schreiben"

Paläozän-Epoche: Intervall geologischer Zeit, etwa von vor 66 bis vor 56 Millionen Jahren
griech. palaios „alt, ur" + kainos „neu"

Parameter: nebenbei bestehende, zu bestimmende unbekannte Größe in einem mathematischen Ausdruck
griech. para „neben" + metron „Maß"

partikular: auf (kleine) Teilchen bezogen
lat. particula „kleiner Teil"

Perihelium: bezüglich Erdumlaufbahn um die Sonne sonnennächster Punkt
griech. peri „um" + helius „Sonne"

Periodizität: in gleichen Abständen wiederkehrende Eigenschaft
griech. peri „um herum" + „hodos" Weg

Perm: Zeitabschnitt der Erdgeschichte vor ca. 230-200 Millionen Jahren
nach der russ. Stadt Perm

Permafrost: in kalten Gebieten unter der Erdoberfläche das ganze Jahr über in gewisser Dicke gefrorener Boden
engl. perma „dauer" + Frost

Perspektive: Sicht hindurch
lat. perspicere „mit dem Blick durchdringen"

PETM: Paläozän-Eozän thermisches Maximum vor 56 Millionen Jahren
engl. Palaeocene-Eocene Thermal Maximum

pH: pH-Wert, chemisches Maß für die Stärke von Säure (pH kleiner als 7) oder für die Stärke der basischen Eigenschaft (mit pH größer als 7) – gleich dem negativen Logarithmus der Wasserstoff-Ionen-Aktivität im Wasser
p germ. „Potenz" + H griech. hudor „Wasser"

Phytoplankton: in Wasser lebende Organismen, die Photosynthese betreiben
griech. phuton „Pflanze" + planktos „umhertreibend"

Plankton: im Wasser als meist sehr kleine Pflanzen und Tiere schwebend lebende Organismen
griech. planktos „Umtreibendes"

Plattentektonik: die langsame Bewegung der kontinentalen Platten um die Welt; geologische Prozesse, die die Platten der Erdkruste unter den Kräften aus dem Erdinnern bewegen, gegeneinander verschieben und gestalten
griech. tektonikos „die Baukunst betreffend“

Pliozän Epoche: Intervall geologischer Zeit etwa von vor 5,3 bis vor 2,6 Millionen Jahren
griech. pleion „mehr“ + kainos „neu“

polare Verstärkung: das Verhältnis zwischen polarer Temperaturänderung und durchschnittlicher globaler Temperaturänderung

Polyp: auf einer Unterlage festsitzende einfache Meereskreatur mit Fangarmen
griech. polupous, polys „viel“ + pous „Fuß“

Portefeuille: Produktvielfalt eines Unternehmens
franz. porter „tragen“ und feuille „Blatt“

ppb: Teile pro Milliarde
engl. parts per billion (billion = in Deutsch „Milliarde“)

ppm: Anzahl der Teile pro Million
engl. parts per million

Präsentation: Vorführung, Vorlegung
lat. praesentare „platzieren vor etwas“

Präzession: wie bei einem Kinder-Kreisel das Herumschwingen eines Körpers, während er sich gleichzeitig vergleichsweise schnell um seine Achse dreht, die dabei die Form eines Kegels überstreichend abbildet
lat. präcessio „Vorangehen“

Projektion: auf etwas geworfene Abbildung
lat. proicere „Vorwärtswerfen“

Proxy: indirektes Maß einer variablen Klima- oder Ozean-Eigenschaft – Zum Beispiel ist die Baumringdicke ein Proxy-Maß für die Witterungsverhältnisse während eines Wachstumsjahres: Ein dickerer Ring zeigt dabei ein Jahr mit gutem Wachstum (etwa warm und feucht), ein dünnerer Ring ein Jahr mit schlechterem Wachstum (etwa kalt und trocken).
lat. proximus „der Nächste"

Prozess: Serie von schrittweisen Aktionen hin zu einem bestimmten Ziel; Entwicklung, Vorgang, Verlauf
lat. procedere „Fortschreiten, Fortgang"

Radio-Kohlenstoff: das radioaktiv zerfallende Isotop vom Kohlenstoff-14 (14C)
engl. radiocarbon, lat. radius „Strahl" + lat. carbo „Kohle"

Reflexion: prüfende, vergleichende Betrachtung oder Nachdenken
lat. reflexio „Zurückbeugung"

Region: Gebiet, Bereich mit besonderen Charakteristika
lat. regio „Richtung, Gegend, Bereich"

relevant: *dicht verbunden oder angemessen, bedeutsam*
lat. relevare „aufrichten"

Rekonstruktion: Nachahmung, Wiederausarbeitung, wie es war
lat. re „wieder" + construere „Zusammensetzen"

Resistenz: Widerstandsfähigkeit
lat. resistentia „Widerstand"

Respiration: Atmung
lat. respirare „ausatmen"

Rückkopplung: zurückwirkende Verstärkung (positive Rückwirkung) oder Abschwächung (negative Rückwirkung) auf die

auslösende Einwirkung
engl. feedback, feed „füttern" + back „zurück"

Rülpser: hörbares Aufstoßen
aus dem 17. Jahrhundert, lautmahlend

Salzgehalt: Menge von Salz in einer Flüssigkeit, bedeutsam für Meereswasser, dort ein Antriebsfaktor der *Thermohalinen Zirkulation*
engl. salinity, lat. sal „Salz"

Sapropel: gewöhnlich dunkelfarbige Sedimente, die an organischem Material reich sind
griech. sapros „faul" + pelein „sich bewegen"

Sättigungsdampfdruck des Wassers: maximale Konzentration von Wasserdampf, die die Luft in Abhängigkeit von der Temperatur enthalten kann, bevor er als Feuchte niederschlägt (vergl. Clausius-Clapeyron-Gleichung)

Sättigungszustand: wieviel von einer gewissen Substanz in einer anderen enthalten ist – z. B. in Ozean-Wasser – relativ zur maximalen Menge, die unter den gleichen Bedingungen enthalten sein könnte

Schalen: bezüglich geologischer Ablagerungen: weicher Fels aus zusammengepressten Materialien wie Schlick und Lehm

Sediment: Material, das durch Verwitterung und Erosion zusammengebrochen und dann von Wind, Wasser oder Eis transportiert worden ist, oder einfach durch Gravitation (*Erdanziehung*) niederfällt
lat. sedimentum „Bodensatz"

Schelfeis: schwimmende große Eisplatte oder brettartige Eisschicht
engl. ice shelf, shelf „horizontal angebrachtes Brett" + ice „Eis"

Simulation: Nachahmen, z. B. mit Computerberechnungen, zur Anschauung der Natur einer Entwicklung
lat. simulare „ähnlich machen" + similis „ähnlich"

SO_2: Schwefel-Dioxid
lat. sulfur „Schwefel" + griech. dis „zweifach" + franz. oxide, griech. oxys „scharf, spitz"

Solstitium: Sonnenwende
lat. sol „Sonne" + sistere „stehen bleiben"

Source-Rocks: felsartige Schichten, reich an organischem Material als Lagerstätten fossiler Energie
engl. source rocks, altfranz. source „Quelle" + lat. rocca „Fels"

spektrale Absorption: Absorption von Licht/Strahlung in spezifischen Spektral-Bändern (entsprechend spezifischen Wellenlängen)
engl. spectral absorption, lat. spectare „schauen" + absorbere „hineinsaugen"

Stefan-Boltzmann-Gesetz: Strahlungsgesetz, demzufolge die Ausstrahlung proportional zur Temperatur in der 4. Potenz ist ($\sim T^4$)
nach den Physikern Josef Stefan und Ludwig Boltzmann 18. Jahrhundert

Stomata: Öffnungen in Blättern, vergleichbar zu Poren, über die der Austausch von Gasen (wie etwa Wasserdampf) zwischen Pflanzen und der Atmosphäre erfolgt
griech. „Mund"

Stratosphäre: Lufthülle oberhalb etwa 10 000 m Höhe (zu den Tropen hin höher, zu den Polen hin niedriger), in der die Temperatur über der untersten Lufthülle, Troposphäre genannt, mit der Höhe wieder zunimmt
lat. stratum „Decke" + griech. phaira „Kugel"

System: aus vielen Teilen zusammengesetztes Gebilde
griech. systema, syn „zusammensetzen" + histanai „stellen"

Szenarium: vorgeschlagene Folge von Ereignissen, Plan
griech. skene „Schattenraum, Zelt"

terrestrisch: landbezogen, zum Festland gehörig
lat. terra „Erde, Boden"

Thermohaline Zirkulation: von Temperatur und Salzgehaltkonzentrationen stark abhängiges globales, Ozeane übergreifendes Meeres-Strömungssystem mit Tiefenwasseraustausch in hunderten bis grob tausend Jahren, in deutscher Literatur unter „Förderband" (*Anlehnung an engl. conveyor belt*)
griech. thermos „warm, heiß" + hals „Salz"

Treibhausgas: Gas, das als Bestandteil der Luft Wärme vom Boden nicht vollständig durch die Atmosphäre hindurchstrahlen lässt, sondern einen Teil davon aus der Atmosphäre wieder zum Boden zurückstrahlt, was den Boden etwas wärmer hält, vergleichbar damit, dass es in einem Treibhaus wärmer als außerhalb ist
deutsch „Treibhaus" + griech. chaos „wirre, gestaltlose Masse"

Triassische Periode: Intervall geologischer Zeit, von vor 252 bis 201 Millionen Jahren, als auch die ersten Saurier aufkamen
engl. Triassic Period, lat. trias „eins einer Dreiheit oder von drei Dingen" + griech. periodos „Ringsherum-Weg"

Tropen: heiße Zone auf beiden Seiten des Äquators zwischen den Wendekreisen
griech. tropos „Drehung, Wendung"

Troposphäre: unterste Lufthülle bis etwa 10 000 m Höhe (zu den Tropen hin höher, bei den Polen niedriger), in der sich das Wettergeschehen abspielt
lat. tropos „Drehung, Wendung" + griech. sphaira „Kugel"

TSI: gesamte Sonnenstrahlung
engl. Total Solar Irradiance

Tundra: *Kältesteppe-Gebiet nördlich der Baumgrenze*
russ. tundra

Ultraviolett: Licht von kurzer Wellenlänge (10 bis 400 Nanometer), das Menschen nicht sehen können
lat. ultra „jenseits" + viola „Veilchen"

Untertauch-Zone: plattentektonischer Ausdruck für eine Zone, wo eine maritime Platte mit Sedimenten unter eine (gewöhnlich) kontinentale Platte gedrückt wird
engl. subduction zone, lat. sub „unter" + ductus „führend" + griech. zone „Gürtel"

Uran-Serien-Datierung: Altersbestimmung auf Grundlage des Uran-Zerfalls über die Isotope ^{238}U zu ^{234}Th zu ^{234}U zu ^{230}Th (*Ionium als dafür frühere Bezeichnung*) und schließlich zu ^{206}Pb (*mit U für Uran-Isotop, Th Thorium-Isotop*), wobei die Alters-Information in den unterschiedlichen Konzentrationsverhältnissen der Isotope steckt

UTOPIA: ein vorgestellter Platz, eine vorgestellte Gesellschaft oder Situation, wobei in der Vorstellung alles perfekt ist
griech. ou „nicht" und topos „Platz"

Variabilität: Veränderlichkeit, Eigenschaft sich zu ändern oder sich ändern zu können
lat. variare „sich verändern"

Vegetation: Pflanzen allgemein mit ihrem Wachstum
lat. vegetus „belebt"

Vertrauensintervall: Bereich, in dem bestimmte Werte mit einer vorgegebenen Wahrscheinlichkeit (z. B. 95 %) liegen
mhd. truwen „trauen" + lat. intervallum „Zwischenraum"

Vision: Sehen mit Vorstellung oder Weisheit
lat. videre „sehen"

WAIS: das Westantarktische Eisschild
engl. West Antarctic Ice Sheet

Wasserstoffbrückenbindung: mit chemischer Ionenbindung vergleichbare, jedoch schwächere Bindung (bei kleineren Ladungsunterschieden infolge der Verschiebung der Ladung von Wasserstoffatomen)

Watt: Einheit der Leistung (engl. Power), gleich einem Joule (*Maßeinheit für Wärmemenge, nach engl. Physiker J. P. Joule*) pro Sekunde
nach dem engl. Ingenieur James Watt 1736-1819

Wendekreis: geographischer Breitenkreis, auf dem die Sonne genau einmal im Jahr im Zenit steht (zwischen den Wendekreisen steht sie zweimal im Jahr im Zenit, nördlich des nördlichen und südlich des südlichen Wendekreises nie)
got. wandjan „sich wenden" + ahd. kreiz „Kreis, Eingrenzung"

willkürlich: vom Willen oder der Absicht gelenkt, selbstherrlich
mhd. wilkür „Willenswahl, freier Wille"

Zenit: Höhepunkt, senkrecht über ebenem Erdboden
arab. „Richtung der Köpfe"

Zyklus: Kreislauf, regelmäßige Wiederkehr; Folge, Zusammenfassung mehrerer Dinge
griech. kyklos „Kreis"

Epilog

Es gibt ein Morgen.

Frage:

Zu viel Hitzestress für Mensch, Tier, Pflanze schon mal empfunden?

Lassen wir ihn sich nicht durch Weggucken und die Haltung „keine Verantwortung“ zu einer Hitzestress-Überlebensfalle schon in den nächsten Jahrzehnten aufplustern. … Auch Sie könnten eventuell mitbetroffen sein. …

Ihre Entscheidung zu den Überlebensbedingungen Ihrer Kinder, Enkel und der heute noch Ungeborenen ist gefragt!

Wo sollte die Erderwärmung Ihrem Wunsch nach bestmöglich stoppen?

– Herzlichen Dank für Ihre Hilfe, die Erde allem Leben bewohnbar zu halten –

– Ihre Kinder und Enkel mögen Sie umarmen! –

Rolf von Pander ©, 21.9.2023